Aus der Zeitung ins Gedicht

Die Deutsche Nationalbibliothek verzeichnet diese Publikation in der Deutschen Nationalbibliografie; detaillierte bibliografische Daten sind im Internet über http://dnb.dnb.de abrufbar.

Oleanderstraße 12 - 41470 Neuss
Tel. 0 21 37/95 27 88
Fax 0 21 37/95 27 83
Layout, Satz: Wolfgang Reif

ISBN 978-3-928249-58-4
www.skript-verlag.de

Eleonore Hillebrand

Aus der Zeitung ins Gedicht

oder

AUF - GELESEN & VERDICHTET

Inhalt

Eleonore Hillebrand, geboren in Rees (Niederrhein), ehemalige Rechtspflegerin, lebt in Neuss, schreibt Lyrik und Kurzprosa, veröffentlicht in eigenen Büchern und in mehreren Anthologien, Herausgabe eines Sachbuchs „Neusser Speisekarte“ und der Anthologie „Neuss: literarisch“ als Leiterin des Neusser Autorenkreises - NAK von 2016 bis 2021. Absolventin mehrerer Schreibwerkstätten. Seit 2013 ständige Autorin im Online SPIRITletter von PUBLIK FORUM.
Mitbegründerin bei „Die Gruppe 48“.

Vorwort

Eine meiner täglichen Zeitungslektüren ist online die Frankfurter Allgemeine Zeitung, kurz FAZ.
Dabei stieß ich vor einigen Jahren auf Überschriften, die mich reizten, sie zu Gedichten zu nutzen. In Gedanken brachte ich solche zusammen, die scheinbar nichts miteinander zu tun hatten. Mir erschienen sie aber in einer, zumindest gesellschaftlichen Beziehung zu stehen. Damit begann meine jahrelange Sammlung, mit Bleistift auf vielen Din A 4 Seiten sorgfältig notiert. Nicht - in meinem Sinne - nützlich erschienen mir Überschriften, die mit Geld, Sport und Politik zu tun hatten - wenigstens auf den ersten Blick. Auch solche mit bekannten oder weniger bekannten Namen verwarf ich.
Zu Beginn war die Zusammenfügung zu eigenen Texten noch Spiel, Versuch. Im Laufe der Zeit gab ich ihnen „ihre eigenen“ Überschriften: Überschriften den Überschriften.
Die Zusammenstellung der Texte war geradezu Meditation. Hin und wieder nahm ich Umstellungen vor.
In der Regel aber blieb es beim ersten Guss. Wenn einzelne Sätze mehrmals auftreten, sind sie auch mehrmals in den Zeitungen an unterschiedlichen Tagen benutzt worden.
Alle Überschriften sind original, ohne Hinzufügungen oder Weglassungen. Manchmal erscheint ein Text dadurch etwas hölzern im Stil. Authentik war mir wichtiger.
Die Syndikation der FAZ bescheinigte mir auf meine Nachfrage, dass keine Lizenzerteilung notwendig sei, weil ganz neue Texte entstanden seien.
In diesem Sinne gilt mein Dank der FAZ für ihre Sichtweise.

Die Geschichten der Anderen

Mit Sack überm Kopf zu einem anderen Planeten
Ganz malerisch so ein Straflager
Viel Hölle wenig Himmel

Welle im Strom des Bewusstseins
Die Geschichte der Anderen
Die Aneignung von Orten

Konspiration und Staatsstreich
Italienische Gefahr
Ein Triumpf aber noch kein Sieg

Die Deutschen entdecken eine neue Eisquelle
Aufstieg einer seltsamen Maschine

Die Haken der Streaming Dienste
Viel Geld aber wenig Internet

Wasserwahnsinn in der Wüste
Nie ohne Reis und Knäckebrot
Ach so Sie sind Professorin
Anpackerin vom Ordnungsamt

Warum Jugendliche so viele Selfies machen
Drollige Mädchen putzige Jungs
Anthropologie als Verkaufskonzept

Altgierig auf jede große Einzelheit

Die Göttin als Menschin
Geschlechter haben keine Farben
Frauen sind komplexer als ihr wusstet

Der Krieg auf der Straße ist vorbei
Vom Zappelphilipp zum Fall für die Polizei

Altgierig auf jede große Einzelheit
Alles ist all inclusive yeah
Vier ungezähmte Biere
Da lallt der Graf

Fahrradfahrer gehen unter
Knatschnass für bessere Radwege
Wird der Einsame krank oder der Kranke einsam

Baukunst am Banale Grande
Noch mehr falsche Möbel
Nicht ohne Melencolia

Love Vegas auf Tour durch fremde Beete
Wenn Wildtiere das Wohnzimmer erobern
Werden Sie zum Orakel

Warum immer nur mit Plastik zahlen
Kurz vor der Bankendämmerung
Wenn die letzte Ruhe teuer wird

Das Schweigen des Hügels

Lass uns mal sprechen
Wenn der Sohn ein Smartphone will
Es gibt kein besseres Argument als ein gutes Buch

Die fremden Freunde aus dem Internet
Bloß nicht verunsichern

Ortsgespräch zum Himmel
Im Wettstreit um die Passwortmüden
Das Schweigen des Hügels
Wehe du tippst gut

Unterwerfung unter das Diktat
Einer Minderheit alten Geistes
Die Axt im Haus erspart die Götterdämmerung

Wenigstens die Kamera versteht das Mädchen
Mädchen brauchen eigene Räume
Eure Wohnungen sind niemandes Zuhause
Steril und doch familiär

Ich mag keine Handys bei Konzerten
So ernsthaft haben wir uns selten amüsiert
Musik kannst du wergwerfen
Wenn sie gelaufen ist

Parken ist das neue Fahren

Finden sie ihren neuen Nachhauseweg
Ein Grenzgang für Kopf und Beine
Willkommen zur Supermachtsshow

Parken ist das neue Fahren
Radlertraum
Die Wacht am Rand

Zusammen entwirft man weniger allein
Wenn Promis zum Bauen in den Keller gehen
Die Bäume lassen ihre Hüllen fallen

Als Zweitwohnsitz am Vulkan
Gebaute Gelassenheit
Wann ist die Schanze gekippt

Knallig bunt und zuckersüß
Kohlenstoff und Kohleaugen
Club Merkelterrannée

Der Preis des Zauderns

Deutsche Moral
Die Gefahren irrlichternder Kommunikation
P und die deutschen Geißlein
Weder ehrlos noch vogelfrei

Der Preis des Zauderns
Fatales Nichtwissen
Heftpflaster sind kein Rezept
Mehr Macht für Gläubige

Das tödlichste Land der Welt
Saufen wie die Sumerer
Oh wie schön ist Paraguay
Das Paradies auf Rädern

Gläubig mit Gegenwartssinn
Es wächst eine Generation von Narzissten heran
Im Schlafwagen an der Macht
Die Reiselust kehrt zurück

Mit Vollgas in die Bauarbeiterlücke
Das Böse steckt in uns allen
Berater einstellen wie nie
Man sieht den Wall vor lauter Bäumen nicht

Das Gegenteil von Einsamkeit
Party bis zum Umfallen
Wo geöffnet wird
Nichts als Hoffnung

Der Kampf um den Boden
Wie man besser zu grünen Häusern kommt
Ungestört aussterben
Happy End mit schwarzer Schleife

Die Würde der Bürde
Eine Pille macht noch kein Ende der Pandemie
Genesen aber nicht gesund
All diese Minenfelder im eigenen Kopf

Einblicke eines Fensterputzers

Feurige Worte und tödliche Missverständnisse
Verleugnung des Offensichtlichen
Das Gerede der Allesversteher

Essen auf Deutschlands Dach
Der elektrische Gipfelsturm
Aufgeklärte Hausmannskost
Schmetterlinge zum Frühstück
Tomaten zur Sonne

Der Geschmack von Erbsen an
Babycalamaretti und Kalbsfilet
Das Tier in dir

Chardonnay statt Stutenmilch
Die Welt hat Durst
Nix wie hin

Einblicke eines Fensterputzers
Ein Ort des vielsagenden Schweigens
Zwischen Kölsch und leeren Kartons

Unter Nichtsgönnern
Der Bonsai liegt im Trend
Wir sind die Mikroben

Da legst dich nieder
Der Gnom in meinem Garten
Notstand warum eigentlich nicht
Der Stuhl macht den Sommer

Wie Elefant und Mickymaus
Nix bloß nix Tiefgreifendes
Wir sind die Mikroben
Wenn es in den Köpfen brennt

Bruder trag das Haar schön
Es braucht ein zweites Wunder
Das Potential der inneren Uhr

Weltreise und dann
Wird künstliche Intelligenz den Arzt ersetzen
Wir gehen weiter aus

Die ungebetenen Besucher

Schon wieder zu arglos
Wölfe wachen wieder auf
Die ungebetenen Besucher
Sie kämpfen mit dem Ball in der Hand

Weißes Gold und wilde Tiere
Die gefährlichen Dämonen dumpfer Langeweile
Das großzügigste Einhorn aus Wien
Folgenreicher Seitenwechsel

Wir müssen mehr arbeiten
Ich habe das Gefühl dass ich feiern muss
Zur Vernissage wurde ein ganzes Lamm geschlachtet
Wir Frauen bringen große Sachen auch zu Ende

Rote Bete vor der Haustür
Rote Rosen für den Chef
Eisvulkane am Rande des Sonnensystems
So bekommen Sie den Kühlschrank-Gutschein

Eine Debütantin als Meisterin
Elektrisch bis ins kleinste Detail
Bunte Sache der Duft des Lebens
Wildwuchs im Auto

Zwei nimmermüde Hände haben aufgehört zu schlagen
Zerbrechliche Leidenschaft
Es hat etwas mit Konzentration und Übersicht zu tun
Der Welterklärer kehrt heim
Neue Grenzen im All

Masken aus Nächstenliebe
Eine Stadt hat den Blues
Menschen kann man für zehn Dollar kaufen

Angstfrei war das nicht zu machen

Vom Ort des Haderns zum Ort des Glücks
Die Basis muss ins Zentrum
Wo bleibt der Öffnungsplan

Angstfrei war das nicht zu machen
Navigieren im Strom ohne Ufer
Wir können nicht in der Bioblase vor uns hinträumen

Als Alien auf dem Land
Der Held der aus der Garage kam
Der Drohnenschein trügt

Eine Frau mit besten Verbindungen
Das große Gerangel
Unklare Kante

Maskenlos lernen in der Scheune
Wissenschaft braucht betreutes Lesen
Innenriss der Grundanstalt

Feiere deine Fehler wie dich selbst
Zuwendungsspeicher für harte Tage
Silberne Strahlen die sich verzweigen

Sie waren ein Rad im Getriebe
Eine Nummer zu groß
Es muss auch mal schnell gehen können

Zerbrechende Träume
Ehrlich und entbehrlich
Grüne Näschen

Tanz um den Exit
König im großen Strom
Lebenswasser für kalte Tage

Die Geister der Gegenwart

Die Wegwerfkinder
Das kritische Wimmelbild
Zukunftslose Süße des Jetzt
Normal ist das alles nicht mehr

Die überwachte Kindheit
Bonbons und Räson
Die Schulhofprinzessin
Lass die Bank da stehen

Ein Netz voller Komplizen
Die Geister der Gegenwart
Der Datenspeicher fährt mit
Ausgraben allein genügt nicht

Was man nicht sieht kann es nicht geben
Wärme auf Pump
Ein Film zum Anziehen
Im Klettern fand er seine Freiheit

Die Schlacht ums Hackfleisch
Eine Kuh können Sie nicht auspressen wie eine Zitrone
Was haben die Italiener im Kühlschrank
Die Heimkehr der Schädel

Sechzehn Tote sind zu viel
Kühler Kopf im Krisenmanagement
Jeder sorgt für sich allein
Was wir machen ist gefährlich

Stunde der Maulhelden

Memes Snaps und virtuelles Zirkeltraining
An Ostern Totenstille
Wir müssen mit dem Virus leben

Ausstieg mit Weile
Hammer und Schlägel

So gut kann die Home-Kantine schmecken
Asbestrisiko in Kleingärten
Das wird die Prüfung unseres Lebens

Wie Corona unserer Psyche schadet
Sind Pakete gefährlich
Überleben Viren im Bart
Schütze deinen Feind

Stunde der Maulhelden
Es geht nur gemeinsam
Andorras Schutzmasken Gibraltars Glück
Lustwandeln auf Hölderlins Spuren

Frankfurter Soße wird knapp
Wenn die Trauben zu hoch hängen

Kunstpelz ist das Schlimmste
Regenbogen sind verboten

Im Baumhaus nicht schmollen

Utopia unter Baumwipfeln
Arbeiten unter Palmen oder lieber im Harz
Mit Flecktarn und roter Mütze

Showdown tief im Westen
Von den Gesetzen kommunikativer Freiheit
Eindrücke vom Umsturz

Blockierte Gleise und Haltestellen
Schlimmste Spuren von Verbrechen
Das Land der Transformation

Portrait des schläfrigen Westens
Hat die Online Lehre mich zum Weichei gemacht
Wie schaffe ich einen Marathon

Im Baumhaus nicht schmollen
Der Sommer kommt
Singen ist ausatmen mit Tönen

Jede Krise schafft neue Willkommenskulturen
Nötig ist eine Zeitenwende im Kopf
Sportlicher Spagat zwischen zwei Welten
Nun kommt es auf den längeren Atem an

Trubel um den faulen Boten
Brunnenschacht in die Römerzeit
Der kaukasische Stammhalter
Willkommen im Uni-Prekariat

Grün auf heißer Erde
Zotenalarm bei den Model-Novizinnen
Schönes noch schöner gemacht
Es läuft alles andere als rund

Vegetarier riechen weicher milder attraktiver
Die Rückkehr der Soleier
Abwechslung im Fladenbrot
Tataki vom Thunfisch Filet von Schwein

Auf Ski und Knie
Wer vom Winter nicht lassen kann
Eiszeit für die Wissenschaft
Funkelnder Trotz

Plötzlich Platzhirsch
Der Master of Desaster
Die Revolte der Winzer
Pioniere am Wasser

Frieden vor der Flimmerkiste
Erst beten dann brauen
Ein bisschen Farbe reicht schon
Danken statt werfen

Das schwarze Loch regt sich

Wie man mit Masken Politik macht
Einstieg in den Ausstieg
Das rettende Ufer
Gibt keinen Exit-Stichtag

In der Stille der Nacht
Wir schaffen mehr
Bei uns ist wenig Krise
Behalten Sie das Ganze im Blick

Das schwarze Loch regt sich
Der Fluch der Zweitwohnsitze
Moderne Piraterie
Die Angst vor der Fußfessel für alle

Große moralische Autorität
Gegen Versuchungen immun
Breite Brust bei den Bayern
Soziale Isolation als Chance

Der Bericht den keiner las
Über falsches Joggen und richtiges Training
Natürlich ist Starthilfe nötig
Rebellion eines Konservativen

Lichtblicke in der Corona Krise
Dividende komm bald wieder
Die Maskenfrage ist gelöst oder nicht
Mach dein Ding

Muss man denn immer alles haben wollen
Weg mit dem Laptop bei Tisch
Beethoven hätte Wein aus dem Rheingau getrunken

Zurück zur Ursprungsfrage

Viele Vorschläge aber wenig Konzepte
Zurück zur Ursprungsfrage
Das Virus ist nicht an allem schuld
Es ist ein Irrsinn über den wir nicht einmal nachdenken

Plötzlich zählt die Wirtschaft zu den Guten
Zynisch und verantwortungslos
Mein Schutz ist dein Schutz
Warum muss immer alles einheitlich sein

Irren ist wissenschaftlich
Es ist die Hölle Mann es ist der Tod
Nähe durch Plexiglasscheibe
Wo bitte gehts zum Ausgang

Bankenwächter im Dilemma
Das Tier verkaufen solange es noch atmet
Eingriffe haben einen Preis
Es wird keinen Kahlschlag geben

Frankreichs verwundetes Herz blutet weiter
So kann es nicht weitergehen
Jeder braucht Rückzugsinseln
Wenigste werden nie virtuell

Die Schönräume schützen
Frischobst auf dem Stehbrett
Verbraucher kaufen mehr Wein und Gin
Wozu Freunde Freunde bleiben

Die Wanne ist halbvoll
Bisschen irre geht immer
Das Kaninchen aus dem Dreisternehut
Gestern Flüchtling heute Systemrelevant

Riskante Reisewelle
Materie fast auf Lichtgeschwindigkeit beschleunigt
Raketenwerfer für den Untergang
Ein paar Tonlagen zu hoch

Vor dem Ersticken

Schönes weißes Rauschen
Vor dem Ersticken
Es gibt der Fassade Tiefe
Süße Lieder dauern niemals lang

Die kluge Herde kein Hühnerhaufen
Für Urheber gibt es zu Ostern nur faule Eier
Ein pochender Schmerz ein brennendes Mal
Die Dosis macht das Gift

In der Einsamkeit des Übens Kraft schöpfen
Isolation ist gut für den Gitarrenstil
Virtueller Wind und Wellengang
Die Mutter aller Albträume

Der Meister der Nagelprobe
Erregung Verzögerung Höhepunkt
Die Geräusche der Geistesmenschen
Der ist der Schönste

Die Zukunft des Kinos ist dunkel
Die Sehnsucht auf die Welt wächst
Konserven zum Vergnügen
Die Stunde der Urbanophobie

Erst raten dann testen
Auch Worte können ansteckend sein
Da wiehert der Himmelsschimmel
Die rettenden Roboter kommen

Das goldene Vlies der Corona Zeit
Kleiner Garten mit großer Wirkung
Die Kinder wollen Löwen jagen
Nicht Fangen spielen

Zwei Abendessen in Folge
Heile heile Wodka
Chaos oder Vertuschung
Mit Vorsicht zurück zur Arbeit

Mach dein Ding

Illusion für Passanten
Der beste Coiffeur Ich
Muss ich denn jetzt auch da unten schön sein
Das sind die Frauen die in die Modemagazine gehören

Übernachten wo früher die Geishas sangen
Ich glaube an das Universum
Abrissbirne aus Trumps Glashaus
Irrsinn made in Germany

Ein Platz an der Sonne
Ein zerbrechlicher Zwischenerfolg
Wegen uns habt ihr noch zu essen
Maske beim Einkauf dringend geboten
Kleine Schritte zurück ins Leben

Wutans heißscharfe trockene Nudeln

Es darf kein Brot verteilt werden
Über die Straße gehen wird gefährlicher
Menschliche Einwegware
Wutans heißscharfe trockene Nudeln

Los sing doch mit
Auf der Suche nach der verlorenen Nähe
Die Ungleichheit verschärft sich
Frauen Männer und der ganze Rest
Rettung nach Wildwestmethoden

Anruf gegen die Angst
Sterbende weiße Männer
Heiliger Geist und Zeitgeist
Ein Himmelreich für Hamster

Gemeinsam Lethe schlürfen
Den Stress wegschleudern
Unsere Träume werden interessanter
Scharfkantig und betörend
Bunt soll es sein und schmutzig

Im Dienste der Genauigkeit

Mein Sixpack kommt vom Bügeln
Unterwäsche und Avocados
Ärztlich verschriebene Abhängigkeit
Anweisungen sind auch nicht alles

Warum Madam tut was sie tut
Viel zu lernen
Im Dienste der Genauigkeit
Wer will aufs Feld
Immer mit Aufsicht

Zu forsch Zu forsch
Der Moment als der Schuss fiel
Nachts werden die Züge zu Pfeilen

Wie man den Tag des Buches
ins Internet verlegte
Die Harfe ist ein sehr
athletisches Instrument

Mehr Licht ins Darknet

Mehr Licht ins Darknet
Zwei Dämonen und ein Liebespaar

Wie hell muss die Haut sein
damit man ungestört leben kann
Alles eine Frage der Organisation

Ein bissel was geht immer
Alle Wege führen nach Oxfort

Wann war Amerika jemals großartig
Ein bisschen wie Pioniere

Die Sprache der Leere
Mehr Urbanität wagen

Günstige Gelegenheit
So wird das mit dem Dax nichts mehr

Bilder die Geschichten erzählen
Zwei Wochen Struktur für Kinder

Ein Palast als Ideenschmiede
Denn sie fürchten den Tod nicht

Circus Maximus

Die Unsicherheiten der neuen Normalität
Gut gehts aber die Familie nervt

Festival der Wahnparolen
Keiner protestiert so wie die Deutschen

Kein Land ist eine Insel
Für das freie Wirken von Geist und Virus

Bildung ist mehr als Betreuung
Aus der Schulcloud regnet es Daten

Drei Wochen in der Blase
Europa bläst zur Impfstoff Aufholjagd

Die gefährliche Pandemie Pille
Nur eine Notlösung

Grenzen der Aufklärung
Die Deutschen kaufen wieder weniger Kondome

Rot und Spiele Circus Maximus
Das Risiko der zweiten Welle

Alle sind verblendet
Was ist denn das für ein Wissenschaftsverständnis

Alles Corona Alles Bahn
Alles nur kein Massengrab

Das Strafrecht macht sich locker
Zum Abschuss freigegeben

Ein Epochenbruch
Beliebter als alle anderen

Ein Talent läuft sich warm
Saat des Aufschwungs

Der Provokateur bleibt
Nachtreten bis zum Umfallen

Doch keine Rolle rückwärts

Vergebliche Suche nach Sicherheit
Kann das Wort weg
Ein sich selbst zerstörender Kreislauf

Die Stars haben die Kontrolle
Kein Dreiklang im Römer
Nur ein gequältes Lächeln

Corona wirkt wie Brandbeschleuniger
In der Hand von Ideologen
Gegen die Dummheit

Das Ding mit dem Wohlgefühl
Saucenschlachten mit Unami Bomben
Schnäppchen über die man schweigt

Kakerlaken mit der Post
Essen ist nicht mehr das was es mal war
Die Fleischversorgung ist gesichert

Das zweite deutsche Küchenwunder
Der Schlachter und die Seuche
Gepanscht wird immer

Der letzte Schritt zur Unsterblichkeit
Tödlicher Tierschutz
Der im Trüben fischt

Die Frau fürs Fleisch
Der Glaube an die Lüge
Versautes Geschäft

Doch keine Rolle rückwärts
Das Ego wichtiger als das Bündnis
So wachsen die hängenden Gärten der Neuzeit

Ein Äppchen
Nur ein paar faule Äpfel
Wenn die Seele weiterzieht

Der Flügel ist der ganze Vogel
Rassismus steckt in uns allen
Du sollst nicht würgen

Käfer für das Elektrozeitalter
Ab ins Grüne
Riesige Schächte nahe Stonehenge gefunden

Die Angst über den Wolken

Stimmen hören fördert ihre Gesundheit
Wir sind zurückgeworfen auf uns selbst
Wenn der Chef den Detektiv anruft

Wer viel weiß muss wahrscheinlich auch
tief tauchen können
Wir alle müssen uns kümmern

Die Gaffer am Strand
Helikoptern oder deeskalieren
Blick ins Unendliche

Die Angst über den Wolken
Wegweiser in den Kosmos
Darum ist die Gründerwelt männlich

Die Trennung brachte uns näher zusammen
Megayachten und die Moral
Ferienfotos an der Gefängnismauer

Hölzerne Dorfschönheit
Kein Schräubchen lockerte sich
Die Tage der einsamen Corona Tode
Wer Maske trägt macht sich verdächtig

Nachhaltig und weiblich performen

Die Rückkehr der Masken
Viren sind Software und wir ihre Hardware
Nachhaltig und weiblich performen

Schwierige Zeiten erfordern einfache Lösungen
Wenn die Stürmende die Fahrende hält
Und oben kreist der Rotmilan

Immer im Bilde
Besser ohne Superstar
Alles andere ist Aprikose

Frische Brise für zuhause
Heiß aber ungemütllich
Schöne neue Geschirrwelt

Ode an die Knolle
Groß größer Brazilian Butt
Wohl zuviel verlangt

Blick ins Unendliche
Wir sind dann mal spielen
Geistvoll für zwei Nobelpreise

Loks unter Strom hakeln nach Echos in der Welt
Der neue Umbenennungsfuror
Grün Auf

Für alle Selbstdenker

Für alle Selbstdenker
Letztes Kapitel im Kulturkampf
Das immer schwarze Sterblichkeitsspektakel
Erst der Bonus dann die Insolvenz

Kuscheln mit dem Autokraten
Keine Zeit für Narretei
Ein gewisses Maß an Angst ist notwendig
Paradies hinterm Höllentor

Seelenretter in der Krise
Kneipenabend statt Kräuterkampf
Die Glorreichen schieben
Sport an der Spindel

Sie simulieren Wissenschaft
Erschrocken und empört
Dämonisieren statt argumentieren
Der Ausschnitt setzt den Ton

Wir haben eine Mission
Virenkiller gegen Killerviren
Maske mit Meerblick
Freiheit für die Füße

Das Gesetz der Straße
Verraten statt beraten
Föderal ins Jammertal
Wo die Armen ärmer werden

Denn das Licht will Ewigkeit
Heute ist mehr Burgunder
Eifel ohne Zweifel
Die Jahre des Irrsinns

Radlerauge sei wachsam

Nur so viel Porzellan zerschlagen wie nötig
Kahlschlag aus heiterem Himmel
Da wackelt das Geschirrle

Für Freischwinger
Das Virus fliegt mit
Pauschale Singverbote sind übertrieben

Nach der Krise werden die Karten neu gemischt
Indem ich meine Gitarre gegen einen Bass tausche
Schutz vor den kleinen Netzdespoten

Alt eingesessen
Meine WG ich und der leere Darm
An die Leine gelegt

Fehlender Weitblick
Mit dem Schlauch durch die Wand
Unverhoffte Einblicke

Mit Abstand unser bestes Angebot
Darf es ein bisschen weniger Konsum sein
Nur das Format passt nicht

Elend soll sichtbar bleiben
Zwischen Laster und Freiheit
Nicht ins Bodenlose

Wir stören
Die Suche nach dem verschollenen Erbe
Radlerauge sei wachsam

Köche vor noch ein Tor

Die Neuvermessung der Reichen
Sie sind reicher als Sie denken
Lieber erben statt sparen

Die Maske ist hinnehmbar
Maske gegen Maske
Für den perfekten Schwung

Pub Besitzer stellt Elektrozaun vor die Bar
Ein magischer Ort eröffnet neu
Eigentor mit Anlauf

Massenware Fleisch
Köche vor noch ein Tor
Top Gerichte unter hohen Bäumen

Kulturkampf um die schwarze Bohne
Die sanfte Revolutionärin
Ein Ruf steht in Gefahr

Tief ins Glas geschaut
Nur Destruktives im Angebot
Nachtsprung über Schienen

Elektroschafe für den Garten
Dagoberts Düsentrieb
Die Maske lehrt uns Demut

Das war Bansky und das konnte weg
Ertrinken passiert immer still
Auferstehen in Ruinen

Der Moment des Pigments
Trainingshilfe am Armgelenk
Mit der App ins Krankenhaus

Ein Mann der nie zu Boden geht
Kurze Bücher verheißen die längste Freude
Umwege führen zur Kultur

Weiße Weste schwarzes Hemd

Oben ohne ins Büro
So sehen Sieger aus

Lizenz zum Plündern
Distanz schafft Deutlichkeit
Wenn ich nicht aufpasse dann fehlt mir das Ohr

Meisterin des Waldes
Im Wildpark tragen nur die Waschbären Maske

Die Party wird zum Problem
Die Milch wird demokratisch

Vieles muss neu erfunden werden
Mit dem Bähnchen zu Kuh Lieselotte
Ganz gleich wie schlimm die Zeiten sind

Weiße Weste schwarzes Hemd
Bauer sucht Zukunft
Zwei Engel auf seinen Schultern
Die verdunkelte Botschaft

Unmoralische Pflichten
Diese Sehnsucht nach schönen Dingen
Menschengemachte Mondfinsternis
Wie im Flieger aber mit Abstand
Die Zeit läuft ab

Bieten um drei Ecken
Was die Uhr geschlagen hat
Alles für den Zitationsindex
Als wären wirklich alle gleich

Größe allein ist nicht alles

Vom Schein der Robinien
Hinter der Kornkante
Der Groove der großen Flosse
Nach uns die Flut

Dicke Bienen chatten mit kleinen Fischen
Mitfühlend und in der Krise hart
Größe allein ist nicht alles
Lasst sie ruhig mal schuften

Finden Sie Ihre Pause vom Alltag
Zwischen Webstuhl und Fischernetz
Dieses wunderbare Füllegefühl
Hände waschen hoch die Flaschen

Zu früh für Erwartung
Die Seele ist ein seltsames Gelände
Heiß wie in der Arktis
Die Ruhe vor dem Turm

Ich möchte erhalten was ich mir erarbeitet habe
Die dunkle Seite der Macht
Vielversprechendes Spinnengift
Ein Herz eine Faust ein Victory

Der Rausch ist vorbei
Der Deckel wird zum Mieterhorror
Das Ende der großen Pause
Drachentöter nicht in Sicht

Die Seitenwunde des Seins
Schreiben mit Gewinn
Giganten ganz klein
Die Wege des Maulwurfs

Alles Bullerbü in Bayern
Wie Flugzeuge fit bleiben wenn das Blut tanzt
Für knallige Raketen im Beet
Am Ende wartet noch ein Sonnenaufgang

Venedig sehen und texten

Bin ich echt
Kirchen hört Gretchen gefragt
Sind wir etwa doch keine Algorithmen

Heuer darf es gerne teuer
Krieg im Pool
Ach du meine Güter

Warum lispelt die Python
Sie ist meine Momentane
Viele schlüpfen durch

Heute schon gehört
Zwei Zimmer Küche Concierge
Venedig sehen und texten

Wem gehört die Straße
Am siebten Tag soll das Motorrad ruhen
Schnitzeljagd ohne Schnitzel

Die Tänzerin im Sturm
Im Zentrum der Entgrenzung
Retten was zu retten ist

Wenn selbst die Hoffnung stirbt
Die Atomkraft lebt weiter
Benzin im Blut grün im Herzen

Und er entwarf sich selbst

Rechne aus wird nichts draus
Schreiben zerknüllen zerreißen spielen
Doppelpass in die Langeweile
Wir wollen ein Klima ohne Angst
Suizidhilfe nur nach Beratung

Und er entwarf sich selbst
Blutsauger gegen Sanguiniker
Hier die Steaks da der Sellerie
Selbst das C ist nicht mehr tabu
Enttäuschung ist schon eingepreist

Sprich Erinnerung
Von Atommüll und Eintracht
Die Angst hilft dem Gold
Solidarität mit Signalhelmen
Die da oben wir da unten

Sturm vor der Ruhe
Die Impfpflicht ist ein milderes Mittel
als die Durchseuchung
Dann sollen sie doch Strümpfe tragen
Hantieren oder frieren

Erste Schritte für ein Comeback
Im medialen Kreuzfeuer
Besonders für Männer
Mogeln unmöglich
Die Party geht weiter

Wille und Weg

Nicht jeder eignet sich für diese Mission
Shakletons Atem im Nacken
Sein Lärm ist stets mit Geräusch verbunden

Der Spielplan seines Gesichts
Monster in der Box

Unser narzisstischer Anspruch treibt uns voran
Wille und Weg
Die Waffen der Zukunft

Kosten verquerer Selbstsucht
Nur nicht unter falscher Flagge

Geld ist nicht alles
Ein Paar Augen zwei Perspektiven
Denken auf Haupt und Nebenwegen

Erfahre wie du wirst wer du bist
Jeder sorgt für sich allein

Im Bunker statt auf dem Laufsteg
Biete Förderung suche Wissenschaftler
Ein zermürbendes Nachspiel für Herz und Hirn

Kunst entspringt der Einsamkeit
Der Schnee verdunstet so vor sich hin

Chef ohne Macht
Wenn Occasus angreift
Alte Rituale neue Sitten

Überall nur Krisenverlierer
Die Wahl des kleineren Übels

Sterne für das Spitzengatro
Frühstück und Brunch statt Tapas

Im Zustand der Belagerung
Gebote im Schatten des Krieges
Streuen streuen streuen

Die Heimkehr der Schädel

Warum wir auf Selbstklimmer setzen sollten
Eine klare Haltung führt zu Gewinn
Älter mit jedem Neuanfang
Touschieren wird verboten
Zum Raum wird hier die Wahl

Gehen und bleiben wollen und müssen
Erneut im Stachelkleid
Gegen die giftige Desinformation
Jede Gelegenheit muss genutzt werden
Ode an das Sägemehl

Die Heimkehr der Schädel
Voll auf Empfang
Hinter weißen Wänden
Mit einem Mal wirkt alles leer
Einstein hat recht sogar millimetergenau

Ein Prinzipal alter Schule
Der Tondichter als Ingenieur
Frage nur nie um was wir spielen
Hoch auf der Himmelsschaukel
Sein bleicher Schatten

Kalter Start ins heiße Liebesabenteuer
Kunst Kohl und Koriander
Geiseln des Wahnsinns
Gestern gestern nur nicht heute
Absturz vom Gipfel

Finden Sie Ihren neuen Nachhauseweg
Wenn die Abifeier entgleist
Jenseits der roten Linie
Ein Strich sagt mehr als tausend Worte
Ein Monument des Gedenkens

Als wir klein waren
Die kostbaren Kinder der gefräßigen Mutter
In schlechter Gesellschaft

Sterbehilfe auf der Bühne
Nach dem Gas

Als Alien auf dem Land

Vom Ort des Haderns zum Ort des Glücks
Die Basis muss ins Zentrum
Wo bleibt der Öffnungsplan

Navigieren im Strom ohne Ufer
Wir können nicht in der Bioblase
vor uns hinträumen

Als Alien auf dem Land
Der Held der aus der Garage kam
Der Drohnenschein trügt

Maskenlos lernen in der Scheune
Wissenschaft braucht betreutes Lesen
Innenriss der Grundanstalt

Feiere deine Fehler wie dich selbst
Zuwendungsspeicher für harte Tage
Silberne Strahlen die sich verzweigen

Das große Gerangel
Eine Frau mit besten Verbindungen
Sie war ein Rad im Getriebe

Eine Nummer zu groß
Unklare Kante
Es muss auch mal schnell gehen können

Zerbrechende Träume
Ehrlich und entbehrlich
Grüne Näschen

Tanz um den Exit
König im großen Strom
Lebenswasser für kalte Tage

Jenseits von Krypto Eden

Knuspr Knuspr Knäuschen
Am dunkelsten Ort
Sturm im Wasserglas oder auf die Bastille

Der wahre Preis des Fleischs
Die Kochkunsthandwerker
Auf der Suche nach dem Sinn

Auf zum Mars
Raus aus der Deckung
Solarmodule statt Weizenhalme

Mein Freund der Baum
Optimierte Emotionen
Küsse im Garten Eden

Nie wieder rote Ampeln
Erst schikaniert dann vertrieben
Und ist doch rund und schön

Jenseits von Krypto Eden
Es regnet Gene und Viren
Geldregen mit Tücken

Das Glück der Legende
Jeder liest für sich allein
Was gegen schlimme Bilder spricht

Herz voller Risse
Die nette Anna
Hält biofidel den Kopf hin

Spaß ohne Gass
Schlemmen hält auch jung
Smart wohnen aber sicher

Über den Wert von Altgriechisch
Der fliegende Pastor und seine Mission
Heilige Inseln und mächtige Frauen

Der Traum vom Fliegen
Dann sollten es die Exoten sein
Die Preise fliegen mit dem Markt

Die Geister der Gegenwart

Das kritische Wimmelbild
Die Wegwerfkinder
Normal ist das alles nicht mehr

Die Schulhofprinzessin
Bonbons und Räson
Die überwachte Kindheit
Ein Netz voller Komplizen

Ein Film zum Anziehen
Wärme auf Pump
Sechzehn Tote sind zu viel
Was man nicht sieht kann es nicht geben

Die Geister der Gegenwart
Der Datenspeicher fährt mit
Ausgraben allein genügt nicht
Lass die Bank da stehen

Die Schlacht ums Hackfleisch
Eine Kuh können Sie nicht auspressen wie eine Zitrone
Was haben die Italiener im Kühlschrank
Zukunftslose Süße des Jetzt

Im Klettern fand er seine Freiheit
Kühler Kopf im Krisenmanagement
Jeder sorgt für sich allein
Was wir machen ist gefährlich

Je härter die Zeiten desto weicher die Kissen

Ordnung schaffen an toten Tagen
Weltrettung oder Greenwashing
Von Ufer zu Ufer
Scharf in der Sache fair im Umgang

Je härter die Zeiten desto weicher die Kissen
Wie mach ich nur die Welt so dass sie mir gefällt
Entspannt aus zweiter Hand
Die Schiffe fahren jetzt andersherum

Mit Pfusch in die Zeitenwende
Tanzperformance ohne Tanz
Es droht die Wiederholung alter Fehler
Die Normalisierung des Extremen

Tatort Schule
Bloß nicht mit dem Struwwelpeter in die Kita
Romantik hilft nicht weiter
Wenn Ersatz Erfüllung mit sich bringt

Deutschland entsorgt seine Literatur
Es geht um Zurschaustellung der eigenen Moral
Endlich Freiheit und dann
Literatur in Schockzustand

Der Tod kam im Frühling

Ein Prozess auf brüchigem Fundament
Wir werden alles brauchen was wir kriegen
Wider die Angst vor dem Absturz
Wenn die Zeit seitwärts geht
Ein harter Regen wird fallen

Professionelles Restheldentum
Taktieren und lavieren
Unser aller Hölle
Brudermord aus Neid
Die Revolution frisst ihre Eltern

Sie sind nackt aber nur seelisch
Die Festung ist wieder offen
Konjunktur des Kollektivs
Der Tod kam im Frühling
Totenfeier mit Blut im Mund

Die wahre Tiefe der Schuld
Zusammenbrüche in der Küche
Farfalle statt Pommes
Der Pfeffer macht den Unterschied
Wer nichts schmeckt muss fühlen

Wie man einen Planeten verblödet
Sprachplanung im Großformat
Spiegel von meisterlichem Schliff
Was sie alles hätten tun können
Klagen weinen wüten

Kein Durchkommen unter dieser Nummer
Aus sechs mach drei
Die Nacht im Überblick
Ein Titel wie eine windschiefe Hütte
Hülle in Farbfülle

Derzeit keine Pizza Kaviar

Nicht einmal bei Lichtgeschwindigkeit
Schnappschuss von einem explodierenden Molekül
Eine Verbindung ohne Haken
Der Ritt auf dem Fluxkompensator
Der Traum von einer sauberen Welt

Derzeit keine Pizza Kaviar
Tausche Reifen gegen Ritzel
Fanal zum Jahrestag
Gegen das moralische Kreuzrittertum
Würstchen oder das große Nichts

Auch der Verfall hat seine Verfallszeit
Die Rückkehr der Pickelhaube
Schiffe im Kirchenschiff
Symbol der dunklen Macht
Ein Glück das zur Trauer animiert

Die andere Art von Fleisch
Eher Dromedar als Trampeltier
Und der Steinbutt der hat Zähne
Aufbruch mit vereinten Kräften
Das darfste nicht machen

Poesie als Heimat
Grüne Augen wie mit Filzstift gemalt
Immer im Bilde
Gut gemischt ist halb gewonnen
Leben im Totalkunstwerk

In der Wirklichkeit angekommen
Es war ein Gewaltrausch
Das Schneiden der Lämmer
Endlich handeln
Freiheit mit Verfallsdatum

Ab ins Metaversum

Wie die Freiheit hinter Gitter kam
Ab ins Metaversum
Hilft schöne Architektur im Knast
Sanktionen lassen sich umgehen

So macht Gewissen Feige aus uns allen
Zum Haare raufen
Wir müssen immer aufnahmebereit sein
Von den Rändern ins Zentrum

Der Krieg und der Tanz
Ein geglücktes kulinarisches Experiment
Spaniens schwarze Diamanten
Canabis ist nicht harmlos

Helden leben lange Legenden sterben nie
Mehr als mit drei Akkorden
Ein Museum schämt sich
Neue Sterne für die Region

Wir halten es kurz
Tief lernen um zu lesen
Die Kunst der symbolischen Sprache
Wie Alladin auf dem Teppich

Kuscheln oder löffeln wir
Von der Kunst den Schmerz zu lieben
Wie Stahl wirklich grün werden soll
Ein bisschen Frieren

Der schnellste Kauz aller Zeiten
S wie Stimmung
Die Luftbrücke die nicht so heißt
Inwendige Figur

Rasende Bocksprünge und viele Fragen

Stiefmütterchen zur Begrüßung
Wenn sich das Leben in zwei Hälften teilt
Ich will dich aber nur mit deinem Apparat
Der perfekte Beziehungskiller im Test
Drei sind immer einer zuviel

Wer braucht gerade Eiweißriegel
Danke dass Sie mir den Abend ruinieren
Wie das Gute hinter Gitter kam
Wenn man Folterkeller bei Etsy bestellt
Alle Erwartungen übertroffen

Rasende Bocksprünge und viele Fragen
Eine Hommage an die Leichtigkeit
Modelzähmen leicht gemacht
Das Herz klopft im Bauch kribbelts
Subversion einer absurden Welt

Versehrte und Befreite
Interview mit dem Tode
Vom Krieg ohne Pathos
Brauchen wir Dunkle Materie
Schattenboxen im Angesicht des Krieges

Empathie einer eingefrorenen Kartoffel
Den Virus Tiger im Nacken
Das falsche Kalkül beim Freedom Day
Ohne Knautschzone vor dem drohenden Tod
Irgendwo im wunderbaren Nirgendwo

Die Maske soll unbedingt fallen
Das Gewissen hat die Wahl
Stoisch im Vorfrühling
Von der Fülle des Lebens mitgerissen
Das Leben bejahen und nicht jeden Fall regeln

Die Hoffnung schwindet

Auf die Räder gekommen
Die Rache des Banalen
Und rücke den Wolken auf den Leib
Molluske mit Liebespfeil

In den Klauen des Bösen
Freiheit gibt es nur für alle
Ein großer Monitor macht keinen Sommer
Nur noch im Norden

Jäger der Staubfluse
Er konnte sich virtuos verzetteln
Das Trauma totreden
Als zöge ihm jemand die warme Decke weg

Die Hoffnung schwindet
Moosfeen haben es schwer vor Gericht
Es gibt einen klaren einfachen Ausweg
Auf dem Flachwagen eines Güterzugs

Der höchste Olymp ist öde ohne die irdische Liebe
Das Dilemma der Luxusschweine
Locken zum Fürchten
Der böse Geist der Wüste

Und sie sprechen doch
Wenn die Nacht anbricht
Vorteil der Vielfalt
Neustart auf dem Bagger

Alles Leben produziert Methan

Lieber in die Toscana als nach Canossa
Dein Freund der Regulierer
Am Spielfeldrand der Liebe
Der Heiler der nicht geheilt hat
Vorbild mit Fragezeichen

Alles Leben produziert Methan
Dann eben wieder Maskenpflicht
Besitzer in Quarantäne Hund erschlagen
Schuld sind immer die Anderen
Die malenden Raubtiere von der Purpurküste

Kann Gold die Rettung sein
Russisches Roulette
Wir werden zum Narren gehalten
Dicke Berliner Luft
Wenn Geschichte ausgelöscht wird

Der Raum ist in alle Richtungen offen
Vertraute Kunst in fremdem Licht
Als die Elefanten bunt wurden
Im Reich der Kröten
Ein Feiertag für das Buch

Um Brüche soll es gehen
Wann ist ein Mann ein Mann
Krisenhilfe mit neuer Demut
Auf dem heißen Stein
Man sollte gehen wenn es am schönsten ist

Login mal lässig

Das Leben ein Familientraum
Die infantile Gesellschaft
Auch Mütter kämpfen mit
Alte weiße Männer sind auch nicht rechtlos
Wenn mit der Scheidung das Rechnen beginnt

Login mal lässig
Unterschlupf mit Aussicht
Krieg im Internet
Volle Kante Gelände wagen
Bulle auf Ectasy

Das Tor bleibt offen
Nie mehr an der Ampel stehen
Leichter gesagt
Das ist der blanke Horror
Perfektion ist Nebensache

Die Masken fallen
Alle Menschen werden Brüder
Ein Brautkleid als Friedensgewand
Alles anders ist in Mode
Löcherige Angelegenheit

Vom Salafisten zum Pfarrer
Auch damit ist was gesagt
Das ist die Höhe
Den Schuss nicht gehört
Anderen Träumen nachjagen

Ein Meister des Verzettelns
Das Stiftchen im Reichstag
Eine Stadt wird ausradiert
Nur eine Frage der Zeit
Das Verfahren ist unsäglich

Die Rückkehr der Soleier

Jede Krise schafft neue Willkommenskulturen
Nötig ist eine Zeitenwende im Kopf
Sportlicher Spagat zwischen zwei Welten
Nun kommt es auf den längeren Atem an

Die Rückkehr der Soleier
Abwechslung im Fladenbrot
Es läuft alles andere als rund
Ein bisschen Farbe reicht schon

Vegetarier riechen weicher, milder, attraktiver
Grün auf heißer Erde
Zotenalarm bei den Model-Novizinnen
Schönes noch schöner gemacht

Trubel um den faulen Boten
Brunnenschacht in die Römerzeit
Der kaukasische Stammhalter
Willkommen im Uni-Prekariat

Auf Ski und Knie
Wer vom Winter nicht lassen kann
Eiszeit für die Wissenschaft
Pioniere am Wasser

Plötzlich Platzhirsch
Der Master of Desaster
Die Revolte der Winzer
Funkelnder Trotz

Frieden vor der Flimmerkiste
Erst beten dann brauen
Tataki vom Thunfisch Filet von Schwein
Danken statt werfen

Wir sind ein Tandem kein Klon

Neue Zeckenart geht auf Jagd
Quotenfrauen sind keine Lösung
Der Horror der Alltag und sie
Nicht ablenken lassen

Schlemmer grübelt Mao speist
Der saftige Erlöser auf dem Goldhügel predigt Bebop
Ticken Sie wie ein Millionär
Einen wunden Punkt getroffen

Wir sind ein Tandem kein Klon
Hier verpassen Sie nichts
Wenn ein Fluch über der Liebe hängt
Wie schnell merken wir den Mangel

Ein Wald am Limit
Punktgenau gegen unerwünschtes Grün
Schon wieder zu sorglos
Es ist Ort geworden

Demokratie ohne Freiheit
Das vermüllte Felsenmeer
Eispreisbremse und Gockerl
Hart kann nur sein wer stark ist

Ewig Montag
Schöner Schein
Alles im Leben ist begrenzt
Liebe und Geld sind die letzten Tabus

Maßnahmen müssen gut begründet sein
Miteinander gegeneinander
Ein Kind der Achtundsechziger
Wohldosierter Zwang

Die Überwindung des Fremden
Angst vor Sozialneid
Genderflexibel
Sieg mit Makel

Der Verstimmer

Der Verstimmer
Uom0 universale durch schwierige Zeiten
Zwischen Kampfsport und Terrorpropaganda
Dieser Schatz glitzert nicht
Wir wollen unser altes Leben zurück

Von Glamour und Grauen
Lügen für den Massenmord
Streiten sie ab sofort ab es gewesen zu sein
Dauerhaft neutral oder dauerhaft geteilt
Unsere Epoche hat nie aufgehört gefährlich zu sein

Grüße aus Moskau
Ihr Auftrag war Zivilisten zu töten
Bewertung ohne Empirie
Das Ende der Querparker
Letzter Vorhang für Weihegold

Zügeln sie ihre Sehnsucht nach Freiheit
Die Fronten sind verhärtet
Der Gegenschlag verbietet sich
Wir arbeiten uns daran ab besonders zu sein
Wo Gaming eine Religion ist

Erste Haarrisse zu begutachten
Ökos fallen nicht vom Himmel
Das Osterpaket
Für immer fünfundvierzig bleiben
Unter einem Schirm

Na die Dame traut sich was
Mit leeren Händen
Kann es nur eine geben
Mit künstlicher Intelligenz zum optimalen Laufschuh
Sauna im Fass für Weinliebhaber

Seelenretter aus Plüsch
Erst wenn wir einander verstehen
können wir eine Lösung suchen
Das hat schon was hier
So kann versalzene Suppe gerettet werden
Todbringende Wirkung

Gift und Galle mehr davon
Das Erbgut des Menschen
Gold und Dosenfutter
Neue Grenzen im All
Der Schwanz wedelt mit dem Hund

Ich bin ein Wohlstandskind

Ich bin ein Wohlstandskind
Auf den Mount Everest kommen auch Kinder hinauf
Ich habe nie davon geträumt
Wenig Hoffnung auf Neuanfang
Bereit sein zu leiden

Wo die Liebe eben nicht hinfällt
Wildschwein „Putin" heißt jetzt „Eberhofer"
Wer hat Angst vorm bösen Wolf
Die fatale Arroganz der Macht
Angst zu wenig zu sagen

Abendmahl mit Currywurst
La deutsche Vita
Ganz groß im Kleinen
Worauf wir richtig stehen
Der Palast liegt auf dem Teller

Seltsam helle Gestalten
In der Mitte ganz schön einsam
Krank am Schreibtisch
Finita la Commedia
Psychoanalyse im Büro

Was die Strategen von der PostOmikronWelle erwarten
Krieg gegen die Wirklichkeit
Man kann Wissenschaftler sehr gut aufs Glatteis führen
Tod und Spiele
Kontaktpersonen dürfen schweigen

Raus aus der Grauzone

Woher Innovationen stammen
Wo die Evolution in den Farbtopf greift
Wachstumsraum für Gegenwartskunst
Bloß nicht zu differenziert
Dann gehen bei uns die Lichter aus

Das System steht immer für Unterbrechung
Raus aus der Grauzone
Ausgeflogen - Kalter Zuckerentzug
Rückgabe ist ein Teil der Heilung
Eine wohlfeile Klage der Scheinbürger

Was wir säen
Mit Mimikry gegen Monsterskorpione
Ein Einhorn kämpft gegen Lebensmittelverschwendung
Im Nebenberuf Bergziege
Schutz vor Gefahren aus dem All

Eine Insel im Abwärtsstrudel
Der Preis der Zuflucht
Der Ferne so nah
Was machen jetzt mit dem Goldschatz
Die reinste Plage

Erotik kann für ein selbstbestimmtes Frauenbild stehen
Wie es euch gefällt
Darüber reden wir nicht
Scheinjobs für bevorzugte Mitarbeiter
Selbstbehauptung gescheitert

Wie Väter ihre Töchter prägen

Plötzlich blind taub stumm und mit gefesselten Händen
Der Preis des Zögerns
Darum ist Laufen für Menschen so wichtig
Sicher um die ganze Welt

Wie Väter ihre Töchter prägen
Das Empfinden schulen
Generation Perfekt
Auf hohem Fuße unterwegs

Arbeitsplatz mit Blick ins Grüne
Ein neuer Mythos des Westens
Dem Tod ins Gesicht lachen
Wieviel Optimismus ist gesund

Wie die Mathematik zu dem wurde was sie heute ist
Eine Welt voll Ungereimtheiten
Zwischen Freude und Feindschaft
Der Eingang zur Hölle

Nacht im Chronometer bei Uhrwerk Orangenhaut
Was wir in den Armen anderer finden
Obdach heißt noch nicht Schutz
Sieben Sigma sind schon beachtlich

Szenen einer Ehe

Wie schmeckt veganes Ei aus Ackerbohnen
Wenn Veganer Feste feiern
Kein Ei ist wie das andere
Was fühlt das Schwein

Szenen einer Ehe
Wie der Kraftakt gelingt
Zwischen allen Aufgaben
Das Zockerparadies

Was beim Grillen erlaubt ist
Steter Strom am Stein
Die Lust auf Lamm
Die Nacht am großen Feuer

Der Preis einer Ikone
Die Lust am Schauen
Die letzte ihrer Art
Zwischen Himmel und Erde

Inselbegabung

Messianisch ist der Westen
Das Geräusch das dem Beben vorausgeht
Klimawandel nagt am Berg
Überwachung muss besser werden
Geschlecht ist irrelevant geworden

Luft anhalten
Gefährliche Gurkenscheiben
Die Lichtfallen der Mächtigen
Zwei Liter Wasser mehr trinken hilft der Haut nicht
Wahl zwischen Pest und Cholera

Ein Sommer im Regionalzug
Glückliche zweite Schulzeit
Der Boys Club soll es richten
Mit Kerzenwachs ins Weltall
Ein Lob der Verschwendung

Inselbegabung
Nicht nur Hunde sind des Hasen Tod
Es muss nicht immer ein Heiliger sein
Rutschgefahr des Alltags
Reich und schön ist nicht genug

Das Aesop-Gefühl

Händewaschen in drei Akten
Das Aesop-Gefühl
Diese Bewegung lässt sich nicht kontrollieren
Behutsam hinein in die Bananenschleuse

Das erste Mal
Stadt ohne Staat
Werkzeuge um etwas zu bewegen
Das Glück des einzelnen Blattes

Geschichten aus einer wütenden Stadt
Im Nordosten wächst ein Dschungel
Die Schaumkrone am Freitagabend
Hilfe bis es weitergeht

Nicht ohne meinen Bart
Ich fühle mich wie entsorgt
Spielender Widerstand
Ich stehe dazu

Wie Rap mit Lego Leben rettete
Heroisches Imperium
Im Rausch der Farben
Mehr Mumm für Deutschland

Die Rückkehr der Sinnlichkeit

Vom Heimlabor zu Beautymarke
Das fühlt sich an wie ein Witz ist aber real
Schön dass Du da bist
Eine Illusion von Frische

German Angst
Kulturkampf auf den Rücken der Frauen
Maximaler Spaß
Das ist Kunst

Haben die Herren nichts Besseres zu tun
Mehr Erfolg bei der Prostataoperation
Schlaues Echo
Der Krieg war immer da

Paradise Garden
Wenn er nur die Tür öffnen würde
Bunter Vogel im braunen F
Wir bleiben lieber ledig

Das Leiden der Männer
Die großen Pläne des Maultaschen Königs
Das Ende des Gezerres war dringend geboten
Wer ihm nachgibt ist tot

Auch Genies brauchen Vorbilder

Einer aus dem Trio Kongeniale
Die Neureichen der Bildung
In den besten Köpfen stecken Jazz und Sex und Suppe
Auch Genies brauchen Vorbilder

Lesen für die Zukunft
Warum häufig mehr über Noten
als über Texte gesprochen wird
Ein ganz schlechtes Omen

Ärger um Ibiza Ausflug
Die Gameshow mit dem Güterzug
Kein Kind von Traurigkeit
Schlechtes Zeugnis für alle Beteiligten

Eine neue Lässigkeit macht sich breit
Zeitenwende auf Grün
Sie kämpft und lächelt dabei
Anstrengend öde Leute

Der Krawallmoderator ist zurück
Willkommen im Schrumpfland
Mit einer Waschschleuse für Hunde
Das hat er einfach nicht verdient

Die Liebe wird für alle reichen

Ganz realer Wahnsinn
Der König macht sich nackt
Das ist Belästigung
Vom Zauber der Selbstkorrektur

Sie würgen mich immer ab
Konservativer Kulturkampf
Ist denn das Weltall nicht in uns
Hunde und Rabenvögel haben einen Sinn für Fairness

Bombendrohungen waren an der Tagesordnung
Sicherheit aus dem All
Die unergründlichen Wege der Haubitzen
Jetzt wollen wir das Ding auch holen

Die kurze Blüte vor dem Krieg
Der Roboter bringt die Avokado
Unerwartet vorsichtig
Die Krise scheint bereinigt

Wie führe ich ein hybrides Team
Zwei Stunden und zehn Minuten
Anlauf auf die Stahlwerkerstürmung
Wo die Retter leben

Die großen Pläne des Maultaschen Königs
Gegen zu viel Kalk im Leitungswasser
Ein Stück weit menschliche Tragödie
Und seufz

Ich werde gefeiert meine Frau wird Rabenmutter genannt
Frust und Rätselraten
Wind im Tank
Die Liebe wird für alle reichen

Der Urknall war eine Sinnestäuschung

Eine Welt aus Polarkreisen
Philosophisch auf einer Linie mit …
Die Krux mit den echten Nachrichten
Wissen war nie wertvoller

Mit Sprit oder Strom
In den Algenfarmen von Sansibar
Geplatzte Träume vom Carsharing
Jetzt gerate ich zwischen die Räder

Für das Recht des Stärkeren
Mehr schaffen in weniger Zeit
Wie viele Schätze schlummern noch in der Erde
Wohnungen oder alte Obstbäume

Von Gelsenkirchener Barock bis Berliner Zimmer
Im doppelten Sinne nachhaltige Ideen sammeln
Bei Personalkontrollen zurück zur alten Ordnung
Ein Hoch auf kinderfeindliche Gastwirte

Der Regenwald schrumpft langsamer
Zur Ernte ins Wasser des Indischen Ozeans
Der Hai als Beute
Flucht in die Hände des Aggressors

Aromatische Virtuosität

Der Esstisch spielt eine große Rolle
Gut geschnitten
Tank oder Teller
Wohin mit der Ernte

Ein Fest für Sinne und Natur
Wie eine Naturdroge gegen die Sucht helfen soll
Kontroverse Milch

Heiß am Stil
Schöne Beine für das Unterhaus
Die Farbe des Friedens

Die Kartoffel vor der Sonne
Das war der beste Tag meines Lebens

Leuchtende Algentörtchen
Den Wildbienen auf der Spur
Die Sehnsucht war stärker als die Disziplin

Wer hat Angst vorm weißen Mann

Zwischen Liebeswahn und Verbrechen
Als blieben sie für immer
Aufstieg und Fall einer Legende
Ein junger Mythos
Wer hat Angst vorm weißen Mann

Weitblick mit Rückschau
Lieber Inzucht als gefressen werden
Eine ganze Stadt wird zum Zoo
Intelligente Logistik für das Land

Im Schloss spukt das Palastgespenst
Nur ein Körperforscher
Weißer Drache aus gehärtetem Glas
Zimmer frei
Hotel mit schwedischen Gardinen

Wie aus dem Märchen ein Drama wurde
Erst verschränkt und dann auch noch herumgeschubst
Topographie der horizontalen Höllenstürze
Mozart das ist mirakulös

Zeitenwende nur eine Luftnummer
Ein Pedelec klappt zusammen
Schlechte alte Welt
Wildwuchs im Lotusgarten
Wie eine Sandkrise noch abgewendet werden kann

Liebe und andere Betrügereien

Ein Paar zwei Länder und jede Menge Missverständnisse
Jeder sorgt für sich allein
Raus aus der Mutti Ecke
Umstrittene Waffen und erschöpfte Schlaflose

Liebe und andere Betrügereien
Mitmachkrieg der Bilder
Die erste Nacht war die Schlimmste
Es fehlt die Wertschätzung

Wer sein Herz aufs Spiel setzt
So sieht Kapitulation aus
Wer hat noch Burnout
Monumentale Peinlichkeiten

Blumen für Kamila
Kampf um die Führungsrolle
Er war für viele das Glück
Der Mann am Gashahn

Wie Väter ihre Töchter prägen
Lieber Hartz IV als Beamter
Sieben Stunden ab dem mittleren Alter optimal
Vom Gastarbeitersohn zum Rolls Roys Sammler

Vom Einleben und vom Vermissen
Jeden Mittwoch kommen Gürkchen auf die Pizza
Unser Beruf ist manchmal albern
Wie ein Westernheld

Wie man den Nachthimmel abwickelt

Er kam aus Mariupol
Der Metzger und der Missionar
Haben Sie schon mal auf einen Menschen geschossen
Der Finger war am Abzug
Eine gequälte Seele hilft bei dieser Arbeit

Was mir hilft ist die Hilfe für andere
Wenn's laut wird schleicht man sich
Lieber nichts als mit weniger zufrieden
Wie beim europäischen Adel geht's zu
Voll veräppelt

Vom Meister zum Querdenker
Gipfeltreffen der Hochbegabten
Zecken lauern auch in Städten
Es ist todernst
Korrosion im Kraftwerk

Wie man den Nachthimmel abwickelt
Der große Ausverkauf
Schade aber Corona ist immer noch da
Die Angst vor dem Ohnmachtsgefühl
Knockout mit schlechten Witzen

Kampf gegen die Tigermücke
Verbrechen und Strafe
Die große Schlacht und die Moral
Welt in Scherben
Suche Brautkleid zur Miete

Neutral aber nicht egal

Zeitgeschichtlich Abgrundbegriffe
Wie im Krieg mit Wörtern gekämpft wird
Neutral aber nicht egal

Kämpferin für das was es nicht leicht hat
Links wo kein Herz mehr schlägt
Das ist peinlich und erniedrigend

Zum Shoppen in die desolate Komfortzone
Geld stinkt nicht Nickel schon
Leiden an Hochwasserdemenz

Der Klassizist des Chansons
Kunst im Dunst
Denken als schräge Kunst betrachtet

Drei Frauen tragen einen Film
Hotel für Dinge
Damen aus guter und besserer Gesellschaft

Ein neues Leben auf dem Skateboard
Doch Zeit zu sterben
H verfällt dem Flachsinn

Tiere Tod und der Mann in Schwarz
Heiteres Leben glücklicher Tod
Ein Leben das für drei reichen würde

Nebenkosten einer Bewegung

Der Altmeister hat es wieder getan
Gutes Tun ohne Publikum
Ein wahres Himmelsgeschenk
Unter Vulkanen trinkt man keinen Schnaps

Wenn die Erde tanzt
Spannungsvolle Beziehung
Mein Kühlschrank mein Skript mein Leben
Marmor Stein und Eisen bricht

Ein deutsches Trauerspiel
Bei den Meerschafen
Hier gehört der Wolf nicht hin
Sündenbock Musik

Nebenkosten einer Bewegung
Ich springe einfach
Mit Kunst zum Kapital
Tischfeiner Bauhausstil

Vom Prunk der keltischen Elite
Wir sind aus- und wieder eingeschaltet worden
Utopischer Dreiklang
Die Herrschaft der Reichen und Reichsten

Die große Angst vorm großen Krieg
Durch das Training wird man intelligenter
Eine Stimme voller Kraft und Genauigkeit
Johanna geht nur auf Italienisch

Liberale Sorgen
Es gibt nichts Besseres als Sport
Freiheit Gleichheit Zwietracht
Frühling im Stress

Pipettenspitzen statt Schiffskabinen
Der Sommer wird bunt
Das schönste Leben beginnt in einem Haus
das inspiriert
Unsere heile Welt geht unter

Wegmarken des Terrors
Jetzt musst du fliegen
Die Stadt lebt
Was können wir glauben

Alle Punkte werden Brüder

Eine Stadt wird umgekrempelt
Alles andere als ein römisches Provinzkaff
Wohnen wird bürokratischer
Wir stehen vor einer lausigen Entscheidung

Schönes Scheitern
Charaktertest nicht bestanden
Kopftuchbann oder Bildungsoffensive
Die Demaskierung der Deutschen

Touristengruppen auf dem Weg zur Erde
Endstation Universität
Ein Sehnsuchtsort mit Namen Luchs
Das Glückshaus

Wenn einem die eigene Nase nicht passt
Lieber fünf Ehen als eine mit einem Idioten
Frühe Warnzeichen im Blut
Lehrmeister Nachtfalter hat es gewusst

Sie ist nicht zu halten
Die Sprache von Goethe und Stepi
Mehr Anhängsel als zusätzliche Attraktion
Die Feinde der Freiheit ruhen nicht

Rot sehen grün fahren
Man muss denken wie ein Killer
Noch genauer kann man es nicht sehen
Analoges Gaming

Alle Punkte werden Brüder
(K)ein digitales Grundgesetz
Rumble in the Jungle
Kleinkunst am Karoq

Entspannen mit Hindernissen

Alle wollen dabei sein
Digitales Ablesen soll Energie sparen
Wer fälscht der fliegt
Nachts klopfen die Seuchenschützer an die Tür

Alles für die Freiheit der Frauen
Entspannen mit Hindernissen
Fiasko wie am Paradieshof
Bis heute gibt es die gläserne Grenze

Im Wartestand für hohe Weihen
Uneigennütziger Akt oder Egotrip
Der Weg zur aktiven Cyberabwehr
Gegen Widerstände aufs Gleis gelegt

Die unendliche Mathemisere
Wie ein Schrei nach Erlösung
Brecht das Schweigen
Hafermilch ist keine Lösung

Zu wieviel Verzicht bereit
Brauchen wir was wir haben
Lebensmittel am besten vor Keinem schützen
Es ist nicht alles schlecht

Ich war der Schmutzfink

Von heiligen Zeichen zu den Emoijs
Die Wärmepumpe zum Kulturkampf
Eine epische Schlacht um verlorenes Leben
Ich war der Schmutzfink der in allem rumkramt

Ich liebe es dumme Taktiken zu erfinden
Bergsteigende Influencer sind keine Bergsteiger
Was gegen digitale Gewalt hilft
Großbild für unterwegs

War was Doc
Krieg und Armut sind die Eltern der Tuberkulose
Dunkle Gegenwart
Ist doch alles nicht so schlimm

Von Bäumen und Bahnen
Die Spur lohnender Fragen wird nicht verfolgt
Was nach dem Schweigen kommt
Igitt machst Du das wirklich

Potenzielle Täter in die Enge treiben
Keine Bindung aufgebaut
Beim Balkanluchs
Chancen nutzen beim Transport

Ich bin ein radikaler Sänger

Ich bin ein radikaler Sänger
Fromm und expressiv
Kriegsdirigent
Schluss mit dem Liebreiz

Reisen nach Moskau haben keinen Sinn
Das schönste Tor zur Stadt
Verpuffte Träume
Systemkollaps damals und heute

Bitte ein Bolt
Da rutscht nichts weg
Ziehen wir jetzt alle um zu Mastodon
Trip in die Nüchternheit

Dafür stehe ich mit keinem Wort
Das Fernsehen als Punchingball
Wenn Schulden krank machen
Und ewig nervt der Reifenwechsel

Das fliegende Auge

Vergnügen war Rebellion
Freiheit die sie meinten
Das Glück wohnt jenseits der Bilder
Die Antithese zum Menschen

Die Kantine als Arbeitsplatz
Wechsel zu den wichtigen Dingen
Mitarbeiterführung in dynamischen Zeiten
Extrem wichtig in der Saisonplanung

Das fliegende Auge
Kann man jetzt noch grooven
Hiob als Schlüsselfigur
Wahre Favoriten und die Unbekannte Corona

Glanz Geist Herz und Courage
Der trinkbare Jugendstil
Pilot Mensch
Werden nicht zulassen
dass sich jemand den Sieg aneignet

Erfolgreiche Menschen
fallen nicht durch
Geschmeidigkeit auf

Das ultimative Gefühl von Altsein

Die Bibliothek ist immer dabei
Die Tante Ju kommt zurück
Oma als Lady Liberty
Nicht die Zeit der Hasadeure
Das ultimative Gefühl von Altsein

Trojanische Gespenster
Auf nimmer sicher
Spirale des Wahnsinns
Und dann ist der Ofen aus

Jetzt ist mein Dach weggeflogen
Den Auftrag nicht verstanden
Kleine Wasserpostkarten aus Venedig
Es heißt jetzt über den Schmerz zu gehen
Wenn der Handyakku wieder schlappmacht

Mit alten Traditionen brechen
Gestritten wird nicht mehr
Tiefstand bei Hochzeiten Hoch bei Geburten
Corona ist schuld an meiner Ehe
Von wegen ewiger Frieden

Mutloser Koloss
Die Ampel im Coronachaos
Teures Glück in den eigenen vier Wänden
Sie zeigen keine Reue
Wir sind direkt auf dem Weg in die Hölle

Ein Freund ein guter Freund
Die Pflanze die nicht sterben kann
Leben für eine Abkürzung geopfert
Finger weg von meinem Portemonnaie

Der verharmloste Gott

Der verharmloste Gott
Der Tag hat Augen die Nacht hat Ohren
Wer hat die Seiten auf Null
Meta macht wieder etwas Hoffnung
Die Menschen im Westen sind die besten

Ein Tropfen für alle Coronafälle
Die Anderserklärer
Der Gang über die Gleise endet im Tod
Das wächst sich aus
Im eigenen Auto ins Hotelbett

Wie die Einsamkeit die Demokratie gefährdet
Es werden zu viele Wohntürme gebaut
Im Bulli mit Klappklo die Freiheit suchen
Die fetten Jahre sind vorbei
Wenn ein Song zum Rettungsring wird

Es war wie auf dem Viehmarkt
Erst rechnen dann essen
Schluss mit der Scheinheiligkeit
Das Kleeblatt wird zerrupft
Das war ein authentischer Moment der Liebe

Eine kleine Nachtmusik
Slàite im Whisky-Labor
Linke Macker
So funktioniert die Draft
Anschluss an die Moderne

Aus Theater wird Kryptokunst
Auf römischen Pfaden
Diesen Effekt hat Kinderkriegen auf das Klima
Bissige Denkmalpfleger
Gepflegter Erbstreit unter Palmen

Kindskopf trifft Spaßbremse

Kindskopf trifft Spaßbremse
In Schlüsselposition gebracht
Brückenbau im Wohnzimmer
Mehr Orte zum Feiern schaffen

Die Märkte holen Luft und tauchen wieder ab
So schmeckt die europäische Union
Kaum noch Fleisch das ist zu teuer
Ein süßer Schatz am Meeresgrund

Stresstest für Null Covid
Wohin mit den gebrauchten Masken
Mit dem Bummelzug nach Sylt
Wenn es für Mülltrennung Tugendpunkte gibt

Der Rentierflüsterer von Fielbmajohka
Dirigent mit Ruhepuls
People on Ice
Wartet auf bessere Götter

Carpe diem für den E Palast
Das elektrifizierte Luftschloss
Stillstand auf der Großbaustelle
Das beste Stück der Tafel

Rollender Stromkasten
Die goldene Mitte der Kaffeeautomaten
Auf das Gramm genau
Ein Indiz auf den Eismonden des Jupiters

Kein rigoroser Pazifismus in Sicht
Wer nichts tut spielt dem Bösen in die Hände
Tagebuch einer neuen Kriegszeit
Hinter feindlichen Linien

Akademische Geburtshelfer

Ertrinken wir in neuem Wissen
Der Beginn einer heiklen Debatte
Abschied vom Bulimielernen
Alpenglühn statt Alltagsstress

Akademische Geburtshelfer
Bio für die Altstadt
Eine bittere Embargo Wahrheit
Bauern ernten Blindgänger statt Getreide

Das Paradies liegt hinterm Brenner
Die Party bleibt im Nordend
Heiß auf fleischloses Hack

Aber der Hirni kriegt eine Extrawurst gebraten
Das Ufo von der Wilhelmstraße
Gegen die Rückkehr der Sexualmagie
Hilfe nach Stoppuhr

Fakes für Waffen
Die Gründer unter uns
Maseratis Schallplattensommer
Der Mann der sich an alles erinnert

Der große Absturz

Kaputt gemacht und mit Füßen getreten
Der kleine Bruder bekommt fast alles
Wenn es zwischen Feuerwehr und Stadt brodelt

Rätselhafte Morde an symbolischem Ort
Einstichstellen bei Partygästen gibt Rätsel auf
Das Gesundheitssystem ist resilienter

Der große Absturz
Schneller ohne Messer am Hals
Frieden mit dem Todfeind

Schlachtenlärm und Shamisen
Ein König aus dem Keller
Psalmen unter Schlingrippen

Bitte nicht granteln
Mehr Nutzen als Schaden
Frischer Wind im hohen Norden

Frostig beschämt befreit
Wir im Norden haben einfach
einen Vorsprung beim Glück

Hilfe zum Leben nicht zum Tod

Der kleine Freund
Ihr Leid ist nicht mehr meines
Vom unsicher gerittenen Ross runter
Die Saat für ein nächstes Teamviewer

Peps Albtraum
Die Krisen meistern und dann zerbrechen
Unerwartet Privates aufgetaucht
Teilweise haben wir hier wirklich noch Mittelalter

Praktisch immer gute Laune
Diese Wette gehe ich nicht ein
Das ist zynischer Missbrauch der Geschichte
Was von Krisengewinnern übrig bleibt

Das Ende der Bräsigkeit
Von Viren Versäumnissen und Vertrauen
Für mich erfüllt sich ein Traum
Wer nicht mitfeiert wird zum Feind erklärt

Wann wirken Sanktionen wirklich
Bloß nicht schnorcheln
Endlich kommt Bewegung in die Führungsetagen
Erfolg mit Mangas

Kinder sind nicht das Problem
Sie werden schnell lernen weil sie lernen wollen
Im Gewühle der Klappstühle
Die Umgestaltung des Gegebenen

Wie viel die Wildnis wert ist
Utopia unter Baumwipfeln
Wir müssen für die Leistung der Natur zahlen
Mehr als nur moralische Hilfe

Was Ihr nicht vom Krieg hören wollt

Was Ihr nicht vom Krieg hören wollt
Die nächste Welle kommt bestimmt
Leben im Ausnahmezustand
Erst geküsst dann gewürgt
Auch Männer haben postpartale Depressionen

Der einsame Krieger
Die Risse werden breiter
Alte Konflikte moderne Waffen
Kriegsspiele unter Volldampf
Die Lust am Schrecken

Wer Feuer sät
Die bemerkenswerte Rückkehr aus einem tiefen Tal
Unfassbar was hier abging
Das war eine absolute Schande
Vierundvierzig Menschen im Atlantik ertrunken

Gedenken im Zeichen des Z
106 Sekunden bis Berlin
Und noch ein Tunnel
Die Angst vor der großen Rückholaktion
Mythologien des Sieges

Für das Recht des Stärkeren
Brutale Soldaten und eine wütende Dirigentin
Drohgebärden kaschieren Spannungen im Regime
Wofür der Westen kämpfen muss
Glaubt seinen Profiteuren nicht

Falls ich unter mysteriösen Umständen sterben sollte

Die Rückeroberung der Zukunft

Schubidu mit Mehrwert und Relevanz
Die Rückeroberung der Zukunft
Auf schnellen Rollen durch die Nacht
Trainingshilfen am Handgelenk

Die alten Anfälligkeiten
Jede Menge Mängel
Interner Streit nicht goutiert
Essen ist eine Sprache die jeder versteht

Dieser Transfer wird neue Maßstäbe setzen
Das teuerste Team der Welt
Ist einfach im Professorenzimmer zu sitzen
und zu philosophieren

Ein Dokument der Ratlosigkeit
Nachhaltiges Bauen ist leider noch die Ausnahme
Kann sich Deutschland selbst versorgen
Was das Embargo für Verbraucher bedeutet

Mit den Sanierungen geht es nicht voran
Photonen klopfen ans Atom
Wie verhindere ich Ideenklau
Ich will nicht verkackeiern

Cyberangriffe nehmen zu
Politstar mit Schwanenlogo
Wildschweine sorgen in R für Aufruhr
Die Natur leidet mit

Der die Herzen zufliegen
Social Couture
Der Übersprudler
Wenn die Natur zuschlägt

Die Retter des Mülls
Nimm mich jetzt auch wenn ich stinke
Schöner grüner Schein
Olivenöl schmeckt auch zum Kuchen

Wie mit vielen Lebensstilen
neue Wohnformen entstehen
Wurm gegen Geld
Da werden Frauen und Männer schwach

Mit einer E-Mail begann das Fiasko

Quarantäne für alle und
keine Lebensmittel mehr vom Lieferservice
Mit einer E-Mail begann das Fiasko

Sanktionen auf Ansage sind halbherzig
So geht's elektrisch
Digitalausweis für alle

Frequenzwächter des europäischen Stromnetzes
Im Reich der Trolle
Mit Sicherheit der größte Transfer des Jahres

Die acht Schritte der Viehhalter zum Klimaziel
Hände weg von Essensfotos
Anlasslose Chatkontrolle oder notwendige Pflicht

Verkleidet als Essenskurier geflohen
Anstand als zivilisierten Menschen
Bilder und Botschaften

Wie dauerhaft ist Höhenangst
Vampirismus nicht ausgelutscht
Das Ziel lautet Wiedererkennbarkeit

Die Deutschen gründen wieder mehr
Klimaziele in die Vorstandsvergütung
Friedensselig marschieren sie in den Untergang

Im Meeting der Zukunft

Die Zeit der Entscheidung ist gekommen
Ganz zum Schluss wird getanzt
Die Heißheiligen kommen

Die Honorarrally hat begonnen
Schluss mit dem Geschnatter
Trickreiches Konferenzduo

Warum der Bindestrich so wichtig ist
Im Meeting der Zukunft
Das ist kein Wünschdirwasspiel

Was einen Rekordsprinter ausmacht
Ein Roboterkoch mit Geschmackssinn
Das Lied ist zuende

Was tut Yoga fürs Gehirn
Kein Manhattan im Remstal
Der Mäuseturm bleibt stehen

Alter grüner Mann erklärt Frau die Welt
Fatale Erregungskurve
Ich will wissen was Frauen denken

Jung männlich betrunken tot
Alle fünf Minuten eine tödliche Überdosis
Hier hat das Leben seine Spuren hinterlassen

Natürlich übernatürlich

Der lang ersehnte Schatten
Leidenschaft gebiert Ungeheuer
Eine Abschlussarbeit ist keine Religion

Von der Nervosität der anderen profitieren
Naturkautschuk statt Elastan in der Jeans
Etwas weniger Krise

Zwei Trennungen und ein Todesfall
Die Stunde der freiwilligen Helfer
Es braucht sieben Anläufe bevor eine Frau geht

Endlich ein Bild des eigenen
Schwarzen Lochs in der Milchstraße
Singen heißt denken damit der Hörer fühlt

Der Kater nach dem Rüstungsrausch
Bowling mit der Straßenbahn
Natürlich übernatürlich

Nachtrag

Jetzt hat das Sammeln ein Ende, das Verdichten auch.
Wer nicht aufhören kann, macht sich hörig.

Auch im Skript-Verlag erschienen:

Neuss: *literarisch*

Herausgeberinnen: Eleonore Hillebrand, Maria Lange-Otto

Über 60 Geschichten und Gedichte von 29 Autorinnen und Autoren aus der Region: spannend, besinnlich, lustig, überraschend …

Taschenbuch, 13,5cm x 21,5cm
236 Seiten
ISBN 978-3-928249-61-4
ISBN 978-3-928249-62-1, e-Book
Skript-Verlag 2020

Geteilte Tage Geschichten von: Maria Lange-Otto

Geschichten von Maria Lange-Otto ziehen hinein ins Geschehen, in ihre liebevoll philosophische Denkweise, deren Hintergründigkeit oft erst nach zweimaligem Lesen oder Hören offenbar wird. Stilistisch sind es gedankliche Kleinodien einer Frau, die Dinge und Menschen nach innen hin durchdringt und sie durch ihre Erzählung lebendig macht.

Taschenbuch, 12cm x 19cm
146 Seiten
ISBN-13: 978-3-928249-67-6
Skript-Verlag 2021

RUND & GIFTIG Tagebuch einer Daheimgebliebenen

von: Eleonore Hillebrand

Persönliche Notizen aus dem Jahr 2020. Ein beeindruckendes Zeitdokument.

Taschenbuch, 12cm x 19cm
112 Seiten
ISBN 978-3-928249-63-8
Skript-Verlag 2021

www.skript-verlag.de

Weiter Blick Kurzgeschichten von Maria Lange-Otto

Die Kurzgeschichten von Maria Lange-Otto erzählen einfühlsam von Abschied, von Leere und Neubeginn, hinterfragen das Wesen von Zeit und Raum. Sie versteht es meisterhaft, dem Leser die Schönheit der deutschen Sprache nahezubringen. Ein Buch, das hilft, eigenes Leben widerzuspiegeln und Zuversicht zu finden.

Taschenbuch 12cm x 19cm
102 Seiten
ISBN 978-3-928249-96-6
Skript-Verlag 2022

AUF BLÄTTERN Gedichte von: Eleonore Hillebrand

Auf Blättern heißt das kleine Meisterwerk, in dem Eleonore Hillebrand Gedichte aus 20 Jahren literarischen Schaffens zeigt. Der versierte Leser weiß, Gedichte schreiben ist Arbeit. Gute Gedichte kommen nicht leicht aufs Papier, die Worte finden und formen sich nicht schnell, ihr Sinn öffnet sich erst im wiederholenden Lesen.

Taschenbuch 12cm x 19cm, 126 Seiten
ISBN 978-3-928249-64-5
Skript-Verlag 2021

Schrittweise Glück Gedichte von Maria Lange-Otto

Maria Lange-Otto beobachtet in *Schrittweise Glück*, wie ihre Figuren mit ihren Alltagslücken umgehen. Wie sie ihren Gefühlen auf den Grund gehen, ihr Tun mit Reflexion verbinden und den Blick auf beachtenswerte Nebengleise freigeben.

Taschenbuch 12cm x 19cm
122 Seiten
ISBN 978-3-928249-59-1
Skript-Verlag 2023

Briefe an ...
von: Eleonore Hillebrand

Da ist der Spickzettel, der neben einem Smartphone hilfreich bleibt, das Kehrblech, nützlich trotz Staubsauger. Oder die Haustür, die sich dem Bewohner willig öffnet und vor dem Einbrecher schützt. Die Autorin beschreibt Geschichten mit Liebe, Wertschätzung oder auch nur mit nüchterner Erkenntnis.Mit der subtilen Betrachtung erleben wir das Wiedersehen dieser Dinge. Das lässt uns nach der Lektüre mit wohligem Schmunzeln zurück.

Taschenbuch, 12cm x 19cm, 110 Seiten
ISBN 978-3-928249-97-3
Skript-Verlag 2022

Briefe von ...
von: Eleonore Hillebrand

Ob Auto, Kaffeekanne oder Bleistifte, Gartentörchen, Bratpfanne oder Kosmetika …
Eleonore Hillebrand betrachtet ihre treuen Alltagsbegleiter aus vielen Blickwinkeln und schreibt ihnen sogar Briefe. Jetzt bekommt sie Antworten. Ein Büchlein zum Schmunzeln, Lachen und Nachdenken. Vielleicht verlockt es Sie ja auch dazu, mal wieder einen Brief zu lesen oder gar zu schreiben, an wen oder was auch immer!

Taschenbuch, 12cm x 19cm, 110 Seiten
ISBN 978-3-928249-89-8
Skript-Verlag 2023